KONSTITISYON ETAZINI NAN LANG KREYÒL AYISYEN

THE CONSTITUTION OF THE UNITED STATES IN CREOLE

enkli Deklarasyon Dwa
ak Amannman 11-27
ak Deklarasyon
Endepandans lan

including The Bill of Rights and
Amendments 11-27 and
The Declaration of Independence

Konstitisyon Etazini nan lang kreyòl ayisyen
The Constitution of the United States in Creole
Copyright ©2024 Melissa Martz, Esq.

978-1-988928-84-5 Soft Cover
978-1-988928-85-2 E-book

Published by:
Castle Quay Books
Tel: (416) 573-3249
E-mail: info@castlequaybooks.com
www.castlequaybooks.com

Editing and translation by Treasure Coast Cultural
Festival Inc (TCCF)
Carole King, Carmel Vericain and Biguerson
Francois

**For Library of Congress Cataloging Information
please contact the publisher**

**For Library and Archives Canada Cataloguing in
Publication Information please contact the publisher**

CASTLE QUAY BOOKS

TAB MATYÈ
Table of Contents

DEKLARASYON ENDEPANDANS
Declaration of Independence

NAN KONGRÈ A, 4 JIYÈ 1776
Unanimous declaration of the thirteen United States of America,

Deklarasyon trèz Etaz ki gwoupe ansanm nan Amerik la, nan divès peryòd egzistans ak evenman nan lavi moun, li konn vin nesesè pou yon pèp koupe lyen politik li genyen ak yon lòt pèp, epi kanpe pami tout pisans ki gen sou latè. Separe egalego daprè jan lanati ak Bondye lanat ba yo dwa, nan respè libète opinyon tout moun jan sa dwe ye daprè lwa lanati yo.

We hold these truths to be self-evident,

Nou dakò ak verite sa yo ki klè poukont yo, tout moun kreye egal, Kreyatè a ba yo sèten Dwa ki pa ka negosye, pami yo, se dwa pou gen Lavi, Libète ak chèche byennèt.- Gouvènman yo tabli pou garanti dwa sa yo, yo jwenn pouvwa nan men moun y ap gouvènen yo. -Chak fwa yon Gouvènman vin pou konbat objektif sa yo, se Dwa Pèp la pou chanje oswa mete l atè epi mete yon nouvo Gouvènman. Fondasyon li chita sou prensip sa yo ak òganize pouvwa li yo nan fason pou gen plis chans pou jwenn Sekirite ak Byennèt. Bon jan pridans ap ede pou pa ta chanje, Gouvènman ki tabli depi lontan, pou kòz ki pa fonde epi ki pa la pou lontan; konsa, ekperyans yo montre moun plis pare pou soufri anba doulè yo kapab sipòte pase pou yo pran nan sa yo pa abitye. Men, lè gen yon seri abi ki san limit epi ki genyen yon menm objektif ki pa janm chanje, sa montre yon volonte pou mennen nan diktati. Se devwa yo pou voye jete Gouvènman sa a, epi mete nouvo prensip pou sekirite lavni yo. .—Se te pasyans Koloni sa yo; kounye a se nesesite sa a ki oblije yo chanje ansyen Sistèm Gouvènman yo. Listwa Wa Grann Bretay nan moman an, se yon listwa ki chita sou move zak ki pa sispann ak izipasyon, yo tout gen yon sèl objektif ki se tabli yon diktati sou Eta sa yo. Pou pwouve sa, an n mete reyalite yo devan moun onèt nan monn lan.

He refused the Assent to the Laws, which are best and necessary for the public good.

Li te refize mache nan chimen lwa ki pi bon ak nesesè pou byenèt piblik la.

Li te entèdi Gouvènè l yo pou yo adopte Lwa ki ta dwe aplike tousuit, sof si yo ta sispann itilize yo jiskaske yo jwenn pèmisyon pou sa; epi lè yo sispann li, li jis pa ba l enpòtans.

Li te refize adopte lòt Lwa pou fòme gwo katye ki ranpli ak moun, sòf si yo ta abandone dwa pou reprezante yo nan lejislati a. Yon dwa ki pa gen pri men ki tèrib pou diktatè sèlman.

Li te reyini kò lejislatif yo nan kote yo pa abitye, kote yo pa alèz, epi ki lwen kote yo depoze Dosye piblik yo, nan yon sèl objektif, pou fatige yo pou yo ka konfòme ak mezi sa yo.

Li te kraze Chanm Reprezantan yo (depite) pandan plizyè fwa, paske li te kanpe anfas otorite l ak jan li t ap foule anba pye dwa pèp la te genyen.

Li te refize pandan lontan, apre li te kraze chanm yo, pou eli lòt reprezantan; ki se pou-vwa Lejislatif yo, yon pouvwa yo pa ka mete sou kote, pouvwa tout pèp la genyen pou l egzèse. Pandan tan sa a Eta ap viv anba menas envazyon peyi letranje ak gwo kriz ki soti andedan.

Li te fè tout jefò pou anpeche popilasyon Eta sa yo; daprè rezon sa a, pou bare Lwa ki pèmèt Etranje yo Natiralize; li refize pase lòt k ap ankouraje imigran yo, ak ogmante kondisyon k ap pèmèt lòt moun vin pran tè yo.

Li te kanpe anfas Administrasyon Lajistis la, lè li te refize aksepte Lwa pou tabli pouvwa Jidisyè a.

Li fè Jij yo depann sèlman sou Volonte l, pandan tout tan manda yo, kantite lajan ak[7] fason y ap touche salè yo

Li te bati yon pakèt Nouvo Biwo, epi li voye yon bann Ofisye pou pèsekite moun yo, epi pou manje byen yo.

Li te kenbe nan mitan nou, nan moman lapè, Lame pou tout tan, san konsantman reprezantan nan lejislati nou yo.

Li te bay tèt pouvwa pou ran fòs Militè yo endepandan ak siperyè pouvwa Sivil la.

Li te mete avèk lòt moun pou mete nou anba yon jiridiksyon etranje ki diferan ak konstitisyon nou an, epi sa lwa nou yo pa rekonèt; bay otorizasyon ak yon seri aksyon yo ta vle fè pase pou Lwa.

Pou mete gwo twoup militè nan mitan nou:

Pou pwoteje yo, avèk yon fo pwosè, kont pinisyon pou nenpòt krim ke yo ta komèt sou Abitan nan Eta sa yo:

Paske li koupe komès nou te genyen ak tout lòt pati nan mond lan:

Paske li te fòse n peye Taks san konsantman nou:

Pou anpeche nou nan anpil sitiyasyon, avantaj nou ta ka jwenn nan jijman devan jiri

Pou te trennen nou pi lwen pase lanmè pou jije pou zak yo pretann nou ta komèt.

Pou chanje lwa yo ki soti nan sistèm Anglè yo nan yon Pwovens vwazen, nan mete sou pye yon gouvènman dikati epi ki bay tèt li yon pouvwa san limit. Se te fè l vin tousuit yon modèl epi tabli menm prensip diktati sa yo nan tout koloni yo.

Pou mete sou kote Konstitisyon nou yo ak Lwa nou te genyen ki gen plis valè yo, ak chanje fonnman Fòm Gouvènman nou yo:

Pou mete sou kote pouvwa Lejislatif nou yo, epi bay tèt yo pouvwa pou fè lwa pou nou nan nenpòt sitiyasyon.

Li kraze Gouvènman ki te la, retire nou soti anba Pwoteksyon l epi fè lagè kont nou.

Li piye lanmè nou yo, ravaje kòt nou yo, boule vil nou yo, epi li detwi lavi pèp nou an.

Nan moman sa a, li transpòte gwo lame mèsenè etranje yo pou yo fini travay lanmò, dezolasyon ak diktati, ki te deja kòmanse nan sikonstans mechanste ak pèfidi ki apenn ka konpare ak epòk yo te konn trete moun tankou bèt epi ki pa sanble ditou ak chèf yon nasyon ki sivilize.

Li te oblije Sitwayen parèy nou, yo te kaptire nan mitan lanmè, pou pote Zam kont Peyi yo, pou vin sèvi tankou bouwo anfas zanmi ak Frè yo, oswa pou y ap goumen kont tèt yo.

Li te pwovoke gwo leve kanpe nan mitan nou, epi li te fè sa l kapab pou fè moun ki rete sou fwontyè nou yo, Endyen sovaj ak san pitye yo, ki gen règ lagè, tout moun konnen, ki la pou detui san fè diferans laj, sèks ak kondisyon y ap viv.

Nan chak moman maltretans sa yo, nou te mande Reparasyon ak anpil sajès: Repons ak demand nou yo se te toujou menm maltreretans yo. Yon Prens ki gen karaktè ki pote tout mak diktati sa yo, se yon diktatè, li pa gen kapasite pou dirije yon pèp lib.

Nou pa t manke bay atansyon ak frè Britanik nou yo. Nou te avèti yo tanzantan sou tantativ lejislati yo pou pwolonje yon jiridiksyon ki pa jistifye sou nou. Nou te raple yo nan ki sikonstans nou te imigre epi tabli isit la. Nou te mande yo pou pratike lajistis ak jenerozite epi pou te fè yo sonje kote nou soti ansanm pou yo ka voye jete zak ki pa jis yo epi k ap deranje relasyon nou genyen. Yo menm tou yo pa t vle tande vwa lajistis ak moun ki gen menm san ak yo. Se poutèt sa, nou dwe dakò pou pran yo pou lènmi nan moman lagè epi zanmi nou nan moman lapèn menm jan nou fè ak tout lòt moun yo.

Se poutèt sa, nou menm, Reprezantan Etazini nan Amerik yo, nan Kongrè Jeneral la, ki te rasanble, ki mande Jij Siprèm nan mond lan daprè bon entansyon nou genyen, fèt, nan non, ak Otorite ki reprezante bon pèp nan koloni sa yo. Pibliye yon fason ofisyèl epi deklare, Koloni sa yo gen dwa pou viv lib ak endepandan. Yo soti anba dominasyon kouwòn britanik la ak tout koneksyon politik ki te egziste ant yo ak Grann Bretay, tout rapò dominasyon yo dwe disparèt; pou Eta Lib ak Endepandan sa yo. Yo gen tout pouvwa pou fè lagè, lapè, alyans, Komès, ak fè tout lòt Zak ak Bagay tout Eta Endepandan kapab fè daprè dwa yo genyen. Pou sipòte Deklarasyon sa a, pandan n ap kanpe fèm sou gras Bondye, nou mete lavi nou youn pou lòt ansanm avèk tout richès nou epi lonè sakre nou.

The Constitution of
the United States

ATIK NAN KONSTITISYON AN
Articles of the Constitution

We the People of the United States, in Order to form a more perfect Union,

Nou menm Pèp Etazini, pou nou ka fòme yon Iinyon ki pi pafè, tabli jistis, bay sekirite anndan peyi nou, defann nou ansanm, ankouraje Byennèt tout moun, epi jwenn benediksyon Libète pou tèt nou ak pitit pitit nou, nou deklare epi tabli Konstitisyon sa a pou Etazini nan Amerik la.

ATIK I
Article 1

SEKSYON 1
Section 1

Daprè konstitisyon sa a, se kongrè Etazini yo k ap gen wòl pou tabli lalwa, li dwe gen yon Sena ak yon Chanm Reprezantan (depite).

SEKSYON 2

Pou Manm Chanm Reprezantan yo, se pèp nan Eta yo, ki dwe chwazi yo chak de lane, epi Elektè nan chak Eta dwe genyen Kalifikasyon ki nesesè pou chwazi pou gwo Branch ki genyen nan pouvwa Lejislati yo.

An kenn moun pa ta dwe yon Reprezantan si l poko gen laj vennsenk lane, epi ki pa t ko gen sèt ane depi l Sitwayen Etazini, epi ki pa dwe, apre li fin eli, vin al abite nan yon lòt Eta kote li pat eli. yon abitan nan eta kote yo pral chwazi l. .

Reprezantan ak Taks dirèk yo pral ale nan plizyè Eta ki kapab vini manm Inyon an, dapre nimewo chak nan yo genyen, sa ki pral tabli apre n fin ajoute kantite moun ki lib yo, pami yo moun ki gen obligasyon pou bay sèvis pou yon kantite lane, epi eksepte Endyen ki pa peye taks yo, twa sou chak senk (3/5) pami tout lòt Moun yo. Vrè kalkil yo dwe fèt nan twazan apre premye Reyinyon Kongrè Etazini an, ak pandan chak manda ki vin apre dis lane, nan fason lalwa mande. Kantite Reprezantan an pa dwe depase youn pou chak trant mil moun, men chak Eta dwe genyen yon Reprezantan pou pi piti; epi jiskaske dènye kalkil yo rive fèt, Eta New Hampshire pral gen dwa pou chwazi twa, Massachusetts uit, Rhode Island ak Providence Plantations youn, Connecticut senk, New-York sis, New Jersey kat, Pennsylvania uit, Delaware youn,

Maryland sis, Virginia dis, North Carolina senk, South Carolina senk, ak Georgia twa.

Lè gen pòs vid pami Reprezantan nan nenpòt Eta, Otorite Egzekitif Eta sa a dwe òganize eleksyon pou konble pòs vid yo san pèdi tan.

Chanm Reprezantan an dwe chwazi Prezidan ak lòt Ofisye yo; epi yo menm sèl gen Pouvwa pou Akize Prezidan an.

SEKSYON 3

Sena Ezetazini pral gen de Senatè ki soti nan chak Eta, Lejislati a chwazi pou sizan; epi chak Senatè ap gen yon Vòt.

Touswit apre, yo rasanble daprè rezilta ki soti nan premye Eleksyon an, yo pral konpoze twa klas ki ta dwe gen menm kantite moun depi sa posib. Syèj Senatè premye Klas yo dwe libere nan fen dezyèm ane a, dezyèm klas la nan fen katriyèm ane a epi twazyèm klas la fen nan sizyèm ane a, yon fason pou yon klas sou twa (1/3) kapab antre chak de (2) lane; epi si gen Pòs ki vin Vid lakòz yon senate ta demisyone oswa pou yon lòt rezon, lè gen pòs vid nan nenpòt Eta, Egzekitif la gendwa pran desizyon mete yon moun jwe wòl la pou yon ti bout tan jiskake gen yon pwochen Reyinyon Lejislati a, ki pral answit ranpli pòs vid sa yo.

Ankenn moun pa ka vin Senatè si li poko gen laj trant lane, epi si l poko gen 9 lane depi l yon Sitwayen Etazini, epi ki pa ta, lè yo eli, yon abitan nan Eta kote yo chwazi l la.

Vis Prezidan Etazini an se li ki Prezidan Sena a, men li pa gen dwa pou vote, sof si ta gen yon vòt egalego ant 2 gwoup yo.

Sena a dwe chwazi lòt Ofisye yo, epi tou yon lòt Prezidan pou lè Vis Prezidan an absan, oswa lè li pral egzèse wòl prezidan Etazini yo.

Se Sena a sèlman ki gen pouvwa pou jije tout akizasyon sou prezidan an. Lè yo chita pou rezon sa a, yo dwe fè sèman oswa jire pou bay laverite. Lè y ap jije Prezidan Etazini an, se Jij an Chèf la ki dwe mennen seyans la: Epi pèsonn pa dwe kondane san de (2) tyè manm ki prezan yo pa vote pou sa.

Jijman nan ka akizasyon sou yon prezidan pa dwe ale pi lwen pase retire l nan fonksyon l kòm prezidan, ak pèdi dwa l pou l gen oswa jwenn privilèj tout lòt fonsyon lonè, konfyans oswa pwofi nan Etazini yo: men Pati pou kon-dan dwe fèt ak responsablite apre Akizasyon, Jijman, ak pinisyon daprè Lalwa.

SEKSYON 4

Lejislati yo dwe bay dat, kote ak fason pou òganize Eleksyon pou Senatè ak Reprezantan yo òganize nan chak Eta; men Kongrè a ka, nan nenpòt ki moman, daprè Lalwa, fè oswa chanje Règleman sa yo, eksepte sou ki Kote yo chwazi Senatè yo.

Kongrè a dwe reyini pou pi piti yon fwa chak ane, epi reyinyon sa a dwe fèt premye lendi nan mwa desanm nan, sof si lalwa deside yon lòt jou.

SEKSYON 5

Chak Chanm yo pral Jij Eleksyon yo, ak Kalifikasyon p wòp M anm p a y o, e pi y on Majorite nan chak dwe reyini yon Kowòm pou yo ka travay; men yon kantite ki pi piti ka ranvwaye jou apre jou, epi yo ka otorize pou fòse Prezans Manm ki absan yo, nan fason sa a, ak anba Sanksyon chak chanm kapab bay.

Chak Chanm ka detèmine Règ travay pa yo, pini Manm li yo pou Konpòtman dezòd, epi si de (2) tyè nan manm yo mete yo dakò, yo ka mete yon Manm deyò.

Chak Chanm dwe kenbe yon Jounal règ travay li, epi tanzantan pibliye menm bagay la, eksepte pati yo ta jije ki merite rete sekrè; epi wi ak non manm nan nenpòt chanm yo sou nenpòt kesyon, si yon senkyèm nan moun ki prezan yo dwe antre nan jounal la.

Pandan Sesyon Kongrè a ankenn Chanm, pa dwe, san konsantman lòt la, ranvwaye pou plis pase twa jou, ni deplase ale nenpòt lòt kote ki pa ta kote de Chanm yo abitye chita.

SEKSYON 6

Senatè ak Reprezantan yo pral resevwa yon salè pou Sèvis yo, jan lalwa tabli sa, epi ki soti nan trezò Etazini. Yo dwe nan tout Ka, sòf Trayizon, Krim ak Vyolasyon Lapè, yo pral gen privilèj pou pa arete yo pandan yo nan seyans nan chanm pa yo, ni lè yo prale oswa ap soti nan seyans la, epi nan nenpòt moman deba nan youn oswa lòt chanm nan. Yo pa ka poze yo kesyon nan ankenn lòt kote.

Ankenn Senatè oswa Reprezantan pa dwe nonmen, pandan peryòd li te eli a, nan nenpòt Biwo sivil anba Otorite Etazini, ki ta dwe kreye, oswa ogmante salè l pandan tan sa a; epi ankenn moun ki gen yon biwo nan Etazini, pa dwe yon manm nan nenpòt nan chanm yo epi pou l ap kontinhye travay nan biwo l.

SEKSYON 7

Tout Pwojè lwa pou ogmante revni yo dwe soti nan Chanm Reprezantan an; men Sena a ka pwopoze oswa dakò ak Amannman tankou sou lòt Pwojè lwa.

Chak Pwojè lwa ki pase nan Chanm Reprezantan an ak Sena a, anvan li vini yon Lwa, li dwe prezante bay Prezidan Etazini an; si l dakò ak li, l ap siyen l, men si l pa dakò, l ap retounen li, ak pwopozisyon pou modifye l, bay chanm kote l te soti anvan an, ki pral antre pwopozisyon modifikasyon yo nan Jounal yo, epi pou travay pou modifye l. Si apre egzaminasyon sa a de tyè (2/3) nan Chanm sa a ta dakò pou pase Pwojè lwa a, yo dwe voye l ansanm ak modifikasyon yo, bay lòt Chanm nan, ki li menm tou pra l egzaminen l menm jan an tou, epi si de tyè (2/3) nan Chanm sa a dakò ak li, li pral tounen yon lwa. Men, nan tout ka sa yo, vòt tou de Chanm yo dwe fèt ak wi oswa non, epi non moun ki vote pou oswa kont Pwojè lwa a dwe antre nan jounal chak chanm yo. Si Prezidan an pa tounen nenpòt Pwojè lwa nan yon peryòd dis jou (sòf dimanch) apre yo fin prezante l ba li, l ap tou vini yon Lwa menm jan ak si li te siyen l, sof si Kongrè a ta deside bloke l epi anpeche l retounen, nan ka sa a li pa ta dwe vini yon Lwa.

Chak Lòd, Rezolisyon, oswa Vòt kote Sena a ak Chanm Reprezantan yo nesesè (ek-septe sou yon kesyon ajounman) dwe prezante bay Prezidan Etazini an avan li komanse eg-zekite, li ta dwe dakò ak li, oswa si li pa dakò ak li, yo pral revize epi jwenn validasyon de tyè (2/3) nan Sena a ak Chanm Reprezantan an, daprè Règ ak Limit yo prevwa nan ka yon Pwojè lwa.

SEKSYON 8

Kongrè a pral gen pouvwa pou mete ak ran-mase Taks, devwa, enpo, pou peye dèt yo ak pou Defans tout moun ak Byennèt tout Etazi-ni; men tout Devwa, Enpo ak lòt taks yo dwe menm bagay toupatou nan Etazini.

Pou prete Lajan sou kredi Etazini;

Pou kontwole Komès ak nasyon etranje yo, ak nan mitan plizyè eta yo, ak tribi Endyen yo;

Pou tabli yon Règ ki valab pou tout moun k ap natiralize ak lwa sou "Fayit" nan tout Etazini;

Pou fè Lajan monnen, kontwole Valè yo, ak pyès monnen etranje yo, epi kontwole Pwa ak Mezi yo;

Pou bay pinisyon pou moun k ap fè fo lajan k ap sèvi nan Etazini;

Pou tabli Biwo Lapòs ak Wout lapòs;

Pou ankouraje Pwogrè lasyans ak Atizan ki itil, nan garanti pou Otè ak Envantè, Dwa pou sou sa yo ekri ak Dekouvèt yo chak fè;

Pou mete Tribinal ki pi ba pase Tribinal Siprèm nan;

Pou defini ak pini Pirat ak Krim ki fèt sou gwo lanmè, ak lòt zak ki fèt kont dwa Nasyon yo;

Pou deklare lagè, bay lèt mak ak reprezay, epi fè règ pou kaptire sou tè ak sou dlo;

Pou ogmante ak sipòte Lame, men pa mete lajan ki kapab itilize nan yon peryòd ki plis pase de zan;

Pou mete sou pye epi kenbe yon kò Marin;

Pou fè Règ pou Gouvènman an ak Règleman pou Fòs tè ak lanmè yo;

Pou prevwa mete yon Milis sou pye pou fè respekte Lalwa Linyon an, bare tout leve kanpe ak anpeche lòt peyi anvayi;

Pou bay lòd pou òganize, bay zam, ak mete disiplin nan Milis la, ak prensip pou gouvènen pati nan mitan yo ki ta kapab vin anplwaye pou sèvi Etazini, epi chak Eta dwe gen pouvwa pou nonmen ofisye yo epi mete sou pye Milis pa yo daprè disiplin Kongrè te deja tabli.

Pou pouvwa, yo menm sèlman genyen, pou fè lalwa nan tout ka yo, sou distri sa yo (ki pa depase di mil kare) ki ka, soti nan Sesyon Eta pa yo, ak si Kongrè a dakò, vin Syèj Gouvènman Etazini an, epi genyen menm pouvwa a tout Kote yo achte anba je lalwa ki la pou menm Eta a, pou Bati Fò, Magazin, Asenal, baz sou lanmè, ak lòt espas yo gen bezwen;

Pou fè tout Lwa ki nesesè epi ki mache pou egzèse Pouvwa egzekitf la, ak tout lòt Pouvwa Konstitisyon an bay Gouvènman Etazini an, oswa nan nenpòt Depatman oswa Ofisye ladan l.

SEKSYON 9

Migrasyon oswa Enpòtasyon Moun sa yo, jan nenpòt nan Eta ki genyen kounye a twouve l bon pou aksepte ak si Kongrè a pa entèdi l anvan lane mil uitsan uit, men yo ka oblije peye yon Taks oswa respekte lòt obligasyosou zafè enpòtasyon, ki pa depase dis dola pou chak moun.

Yo pa dwe sispann privilèj òdonans Habeas Corpus, sòf nan ka rebelyon oswa envazyon, Sekirite piblik la ka mande sa.

Yo pa dwe fè pase ankenn pwojè lwa oswa Lwa ex post facto.

Yo pa dwe mete ankenn Taks sou Kapitasyon, oswa lòt Taks dirèk, sòf si li ta ale nan sans Resansman popilasyon jan sa te parèt anlè a.

Pa dwe mete ankenn Taks oswa Dwa sou Atik ki prale nan yon lòt Eta.

Ankenn regleman Komès oswa Revni pa dwe bay yon Eta avantaj sou yon lòt: epi bato ki prale oswa k ap soti nan yon Eta pa oblije antre, dedwane osinon peye pou sa nan yon lòt.

Ankenn Lajan pa dwe soti nan Trezò a, sof si lalwa ta prevwa sa; epi yo pral pibliye yon Deklarasyon regilye ak resi epi rapò sou depans tout Lajan piblik yo tanzantan.

Etazini pap bay ankenn tit nobles : epi ankenn Moun ki gen gwo privilèj oswa benefis konfyans , pa dwe, san konsantman Kongrè a, aksepte nenpòt kado, don, avantaj, oswa Tit, kèlkeswa kalite a ki soti nan men nenpòt Wa, Prens, oswa peyi letranje.

SEKSYON 10

Ankenn Eta pa gen dwa antre nan yon Trete, Alyans, oswa Konfederasyon; bay Lèt remak ak reprezay; pyès monnen; bay Bòdwo Kredi; ki fèt ak nenpòt bagay sof pyès lò ak lajan, yon kad pou peye dèt; fè pase tout pwojè lwa, Lwa ex post facto, oswa Lwa ki ki sou Obligasyon Kontra yo, oswa bay yon tit privilèj.

Ankenn Eta pa dwe, san konsantman Kongrè a, mete ankenn taks oswa lòt obligasyon sou enpòtasyon oswa ekspòtasyon, sof sa ki oblije genyen pou pèmèt lwa enspeksyon yo egzekite: ak pwodwi ki rete apre tout devwa ak obligasyon nenpòt eta mete sou enpòtasyon oswa Ekspòtasyon, yo dwe al jwenn trezò Etazini pou l itilize; epi Kongrè a dwe voye je ak kontwole tout Lwa sa yo.

Ankenn Eta pa dwe, san konsantman Kongrè a, mete ankenn taks sou kantite pwa bato ka pote, kenbe twoup yo oswa bato lagè nan moman lapè, antre nan ankenn Akò oswa Kontra avèk yon lòt Eta, osinon ak yon pouvwa etranje, oswa antre nan lagè, sof si yo ta anvayi l, oswa ta gen yon gwo malè pandye ki mande pou aji san pèdi tan.

ATIK II

SEKSYON 1

Pouvwa egzekitif la dwe gen nan tèt li Prezidan Etazini nan Amerik la. Li gen yon manda ki la pou kat lane, menm jan ak Vis-Prezidan an, epi eleksyon pou tou de dwe fèt konsa:

Chak Eta ap nonmen, nan fason lalwa mande, yon Kantite Elektè, ki egal a Kantite Senatè ak Reprezantan Eta a gen dwa pou genyen nan Kongrè a: men ankenn Senatè, Reprezantan, oswa lòt moun ki genyen yon lone oswa fonksyonè Etazini pa gen dwa pou jwe wòl Elektè.

Elektè yo dwe rasanble nan Eta pa yo, epi vote nan eleksyon pou de moun, youn pou pi piti pa dwe abite nan menm Eta ak yo. Epi y ap fè yon lis tout moun yo te vote pou yo, ak kantite vòt pou chak;lis sa a dwe siyen, sètifye, epi ale, tou fèmen, jwenn Gouvènman Etazini an, sou non bay Prezidan Sena a. Prezidan Sena a dwe, nan prezans manm Sena a yo ak Chanm Reprezantan an, louvri tout Sètifika yo epi konte vòt yo. Moun ki gen pi gwo Kantite Vòt la se Prezidan an, si sèlman kantite sa a se Majorite nan Kantite Elektè ki te nonmen yo; epi si gen plis pase youn ki gen Majorite sa a, epi ki gen yon Kantite vòt egal, lè sa a, Chanm Reprezantan an dwe imedyatman chwazi youn nan yo pou Prezidan; epi si pa gen yon moun ki gen yon majorite, lè sa a Chanm reprezantan an ap fè yon vòt pou chwazi pami 5 moun ki gen plis vòt yo pou vin prezidan. Men, lè y ap chwazi Prezidan an nan chanm reprezantan, vòt yo ap dewoule daprè Eta yo, reprezantasyon chak eta ap gen yon vòt; Kowòm ki nesesè nan ka sa se youn oswa plizyè manm pou 2 tyè (2/3) nan Eta yo, epi Majorite nan tout Eta yo nesesè pou Chwa a bon. Nan tout Ka yo, apre Prezidan an fin eli, moun ki gen pi plis Vòt Elektè yo dwe vin Vis Prezidan. Men, si te genyen youn oswa plizyè moun ki te gen menm kantite vòt, Sena dwe chwazi Vis Prezidan nan eleksyon pami yo.

Kongrè a gendwa detèminen dat pou yo chwazi Elektè yo, ak Jou yo dwe bay Vòt yo; se dwe menm nan tout Etazini.

Okenn Moun pa ka vin prezidan si l pa sitwayen ki fèt Ameriken, oswa yon Sitwayen Etazini, nan moman Adopsyon Konstitisyon sa a; ni okenn Moun pa p ka vin prezidan

Etazini si l poko gen laj trannsenkan, epi ki pa gen katòz ane ap viv nan peyi a.

Nan ka yo retire Prezidan an nan pòs la si l ta mouri, demisyone, oswa pa gen kapasite mennen pouvwa a ak tout responsablite sa mande, se Vis Prezidan an k ap gen ppu jwe wòl prezidan an, epi Kongrè ap gen pouvwa pou pran yon lwa nan ka yo: destitisyon, lanmò, demisyon, oswa pa gen kapasite pou mennen pouvwa a ta touche Prezidan an ansanm ak Vis Prezidan, chwazi yon fonksyonè ki pral vini kòm Prezidan, epi l ap kòmsadwa, jiskaske prezidan an soti anba Andikap la, oswa yo va eli yon lòt Prezidan.

Prezidan an dwe resevwa yon Konpansasyon pou tan Sèvis li yo, ki pa dwe ni ogmante ni diminye pandan Peryòd manda li a, epi li pa dwe resevwa nan Peryòd sa a ankenn lòt benefis nan Etazini, oswa nan nenpòt lòt peyi.

Anvan li antre nan sèvis, li dwe fè sèman deklarasyon sa a:– Mwen fè sèman solanèl pou m vin Mennen pòs Prezidan Etazini jan sa dwe ye, epi m ap fè tout sa m kapab pou prezève, pwoteje ak defann Konstitisyon Etazini an.

SEKSYON 2

Prezidan an pral kòmandan anchèf lame ak marin Etazini, ak milis plizyè eta yo, lè yo rele milis yo pou sèvi Etazini; li ka mande Opinyon, alekri, Ofisye prensipal nan chak

Depatman egzekitif yo, sou nenpòt Sijè ki gen rapò ak misyon epi responsablite pa yo, epi li pral gen Pouvwa pou l bay Repons ak Padon ak tout moun ki Ofanse peyi Etazini, eksepte nan Ka kongrè a ta voye l ale.

Li pral gen Pouvwa, avèk Konsèy ak Konsantman Sena a, pou l fè Trete, depi de tyè nan Senatè ki prezan yo dakò; epi li pral nonmen, avèk konsèy ak konsantman Sena a, li pral nonmen Anbasadè, lòt Minis piblik ak Konsil, Jij Lakou Siprèm yo, ak tout lòt Ofisyèl yo ki pat genyen lòt fason ki te deja prevwa pou nonmen yo epi se yon lwa ki dwe kreye nominsasyon sa yo; men Kongrè a ka pran yon lwa pou nomen ofisye enferyè sa yo toutfwa yo panse l nesesè, swa Prezidan an pou kont li, swa Tribinal yo, oswa Chèf Depatman yo.

Prezidan an ap gen pouvwa pou ranpli tout pòs vid ki ka rive nan peryòd ant de sesyon nan Sena a, li ap bay Komisyon pwovizwa ki pral ekspire nan fen pwochen Sesyon an.

SEKSYON 3

Detanzantan, Prezidan an dwe bay Kongrè a Enfòmasyon sou Eta Linyon an, epi li dwe fè rekòmandasyon sou mezi li panse ki nesesè pou pran epi ki ka mache; li kapab, nan Okazyon ekstraòdinè, konvoke tou de Chanm yo, oswa youn nan yo, epi nan Ka yo pa dakò ant yo sou peryòd Ajounman an, li kapab mete l pou peryòd li panse k ap bon an; li pral resevwa

Anbasadè ak lòt Minis piblik yo; li dwe veye sou respè Lwa yo, epi li pral bay komisyon ak tout Ofisye yo nan Etazini.

SEKSYON 4

Prezidan an, Vis Prezidan ak tout Ofisye sivil Etazini yo kapab pèdi pòs yo si yo ta akize yo epi kondane yo pou Trayizon, Kòripsyon, oswa lòt gwo Krim ak Deli.

ATIK III

SEKSYON 1

Pouvwa jidisyè Etazini an se yon sèl Tribinal Siprèm, ak lòt Tribinal Kongrè a ka mande ta-bli detanzantan lè gen bezwen pou sa; Jij Tri-binal Siprèm yo ak lòt Tribinal yo, dwe kenbe pòs yo depi yo pa repwoche yo anyen, epi yo dwe resevwa, padan tan sèvis yo, yon Konpan-sasyon, ki pa dwe diminye pandan tout tan y ap kontinye bay sèvis yo.

SEKSYON 2

Pouvwa jidisyè a pral pwolonje nan tout Ka, nan Lwa ak Ekite, ki ka parèt anba Konsti-tisyon sa a, Lwa Etazini yo, ak Trete ki fèt, oswa ki dwe fèt, anba Otorite yo;—nan tout Ka ki afekte Anbasadè, lòt Minis piblik yo ak Konsil;—nan tout Ka "Amiralite" ak Ji-risdiksyon maritim;—nan Konfli kote Eta-zini ta va patisipe;—nan Konfli ant de oswa plizyè Eta;—ant yon Eta ak Sitwayen yon lòt Eta,—ant Sitwayen nan Eta diferan,—ant Sitwayen nan menm Eta a k ap reklame tè anba Sibvansyon lòt Eta, ak ant yon Eta, oswa Sitwayen yo, ak Eta etranje, oswa Sitwayen etranje.

Nan tout Ka ki afekte Anbasadè, lòt Minis ak Konsil piblik yo, ak sila yo kote yon Eta pral patisipe; Tribinal Siprèm genyen premye Jiridiksyon an . Nan tout lòt Ka ki site anvan yo, Tribinal Siprèm lan ap gen Jiridiksyon apèl yo, daprè Lalwa ak nan Reyalite, san konte tout eksepsyon sa yo, ak dapre Règleman Kongrè a ta deside tabli.

Jijman tout Krim yo, sof nan ka yo ta revoke manda yo, se Jiri a k ap gen pouvwa a; epi Jijman sa a pral fèt nan Eta kote Krim yo te komèt; men si yo pa t fèt nan youn nan Eta sa yo, jijman yo ap fèt nan yon kote Kongrè a ap chwazi daprè lalwa.

SEKSYON 3

Trayizon kont Etazini se sèlman fè lagè kont peyi a, oswa antre nan kan ènmi yo, nan ba yo èd ak sipò. Ankenn moun pa dwe kondane pou trayizon sof apre temwayaj de Temwen sou menm zak la, oswa si akize a ta va konfese devan tribinal nan seyans piblik.

Kongrè a ap gen pouvwa pou bay pinisyon kont ka trayizon, men ankenn kondanasyon kont kòripsyon pa dwe mennen "corruption of blood", sa ki vle di kondane desandan moun nan oswa sezi byen l posede sof pandan moun ap viv.

ATIK IV

SEKSYON 1

Yo dwe kwè epi aksepte nan chak Eta tout zak piblik, dosye, ak pyès jidisyè ki soti nan nenpòt lòt Eta. Epi Kongrè a kapab, daprè Lwa jeneral,tabli fason yo dwe pwouve zak, dosye ak Pwosedi sa yo, ak ki konsekans yo ka genyen.

SEKSYON 2

Sitwayen chak Eta ap gen tout dwa, tout Privilèj ak Iminite menm jan ak tout lòt Eta yo.

Yon Moun ki akize nan nenpòt Eta pou kòz trayizon oswa Krim, ki ta va sove anba men lajistis, epi yo va jwenn li nan yon lòt Eta, anba demand Otorite Egzekitif Eta kote li sove ale a, dwe Mennen l tounen bay Eta kote li te fè krim nan.

Pa gen ankenn moun ki gen obligasyon pou bay yon sèvis oswa pou travay nan yon Eta, anba je Lalwa , ki gen dwa chape al nan yon lòt. Li pa p gen dwa mete Lwa ak règleman Eta li al pran refij la devan, pou anpeche l al fè sèvis oswa travay li dwe fè a. Men yo dwe lage l bay responsab kote li gen obli-gasyon pou fè sèvis oswa travay la si toutfwa yo ta mande sa.

SEKSYON 3

Kongrè a ka pèmet nouvo Eta antre nan Linyon sa a; men pa gen ankenn nouvo Eta ki dwe fòme oswa tabli nan Jiridiksyon nenpòt Eta ki la deja; anplis, ankenn Eta pa dwe tabli nan fonn de Eta oswa moso ki soti nan de Eta nan do Lajistis nan eta sa yo ak san konsantman kongrè a.

Kongrè a ap gen Pouvwa pou elimine ak fè tout Règ ak Règleman ki nesesè konsènan Teritwa oswa lòt byen ki pou Etazini; epi pa gen anyen nan Konstitisyon sa a ki dwe entèprete yon fason pou pase anba pye Lwa Etazini, oswa nenpòt Eta an patikilye.

SEKSYON 4

Etazini pral garanti pou chak Eta nan Linyon sa a fòme yon Gouvènman Repibliken, epi yo pral pwoteje chak nan yo kont Envazyon; si Lalwa ta mande sa oswa pouvwa Egzekitif la (lè Lejislati a pa kapab rasanble) kont twoub ki ta gen nan mitan yo.

ATIK V

Kongrè a, chak fwa de tyè nan tou de Chanm yo ta twouve sa nesesè, ap pwopoze Amannman nan Konstitisyon sa a, oswa, si Lejislati nan de tyè nan Eta yo ta mande sa, y ap mete yon Konvansyon sou pye pou pwopoze Amannman yo, ki, nan nenpòt ka. , pral valab pou fè pati Konstitisyon sa a, apre yo fin ratifye nan Lejislati nan twa ka nan Eta yo, oswa nan twa ka Konvansyon yo ki rasanble, pou sa, nan chak Eta yo, jan youn oswa lòt Modèl Ratifikasyon sa yo kapab soti nan pwopozisyon Kongrè a; men pa gen okenn Amannman ki ka fèt anvan Ane mil uitsan uit sou premye ak katriyèm Paragraf ki nan Nevyèm Seksyon premye Atik la; epi pa gen annkenn Eta, san konsantman li, ki kapab pèdi dwa vòt egal li nan Sena a.

ATIK VI

Tout Dèt ki te fèt ak Angajman yo te pran, anvan Adopsyon Konstitisyon sa a, pral valab nan Etazini anba Konstitisyon sa a, menm jan ak anba Konfederasyon an.

Konstitisyon sa a, ak Lwa Etazini ki pral fèt anba aplikasyon li; epi tout Trete ki fèt, oswa ki pral fèt, anba Otorite Etazini, yo pral Lwa Siprèm Peyi a; epi Jij yo nan chak Eta dwe respekte yo. Yo dwe mete sou kote tout dispozisyon ki ta va kontrè ki antre nan konstitisyon an oswa nan Lwa nenpòt nan Eta yo.

Senatè ak Reprezantan ki site anvan yo, manm divès Lejislati nan Eta yo, ak tout Ofisye nan pouvwa egzekitif ak jidisyè nan nivo federal ak nan nivo Eta yo, pral gen obligasyon, anba Sèman oswa deklarasyon, pou defann Konstitisyon sa a; men pa p janm gen ankenn atachman relijyon y ap mande tankou Kalifikasyon oswa kondisyon pou vin nan youn nan nenpòt pòs piblik nan Etazini.

ATIK VII

Ratifikasyon Konvansyon nèf Eta yo ap sifi pou tabli Konstitisyon sa a nan Eta ki ratifye l yo.

DEKLARASYON DWA A
The Bill of Rights

Transkripsyon rezolisyon tèt kole nan lane 1789, Kongrè a ki pwopoze 12 amannman nan Konstitisyon Etazini an.

Transcription of the 1789 Joint Resolution of Congress Proposing 12 Amendments to the U.S. Constitution

Kongrè Etazini te kòmanse epi te fèt nan vil Nouyòk, mèkredi kat mas mil sètsan katrevennèf.

Congress of the United States begun and held at the City of New-York,

THE Conventions of a number of the States,

Konvansyon ant yon kantite Eta, ki te patisipe nan moman yo t ap adopte Konstitisyon an, te montre volonte yo, yon fason pou anpeche move entèpretasyon oswa itilize pouvwa yo pou fè move zak, yo ta dwe ajoute plis mezi ak baryè: Epi jwenn plis konfyans piblik la nan

Gouvènman an ki pral pi byen aji nan enterè enstitisyon an;

RESOLVED by the Senate and House of Representatives of the United States of America, in Congress

Sena a ak Chanm Reprezantan Etazini an, lè Kongrè a reyini, de tyè nan tou de Chanm yo dakò, pou yo pwopoze Atik sa yo bay Lejislati nan dives Eta yo, kòm amannman nan Konstitisyon Etazini an. Tout, oswa nenpòt nan Atik yo, lè twa ka nan Lejislati yo ratifye , yo dwe valab nan tout sitiyasyon ki nesesè, kòm yon pati nan Konstitisyon, ki se:

ATIK anplis pou amannman Konstitisyon Etazini nan Amerik yo, Kongrè a pwopoze epi ki ratifye nan Lejislati dives Eta yo, daprè senkyèm Atik nan Konstitisyon orijinal la.

ARTICLES in addition to, and Amendment of the Constitution of the United States of America, proposed by Congress,

Premye Atik la... Apre premye dekont daprè premye atik nan Konstitisyon an, va gen yon Reprezantan pou chak trant mil moun, jiskaske nimewo a va rive sou san (100), apre sa Kongrè a pral fè separasyon an konsa: pa dwe gen pi piti pase san (100) Reprezantan, ni pi piti pase yon Reprezantan pou chak karant mil moun, jiskaske kantite Reprezantan an rive nan desan

(200) ; apre sa Kongrè a ap fè separasyon an konsa, pa p dwe gen pi piti pase desan (200) Reprezantan, ni plis pase yon Reprezantan pou chak senkant mil moun.

Article the second.

Dezyèm Atik la... ankenn lwa, ki varye konpansasyon pou sèvis Senatè yo ak Reprezantan yo, pa p valab, jiskaske gen yon nouvo eleksyon pou Reprezantan yo.

Article the third...

Twazyèm Atik la... Kongrè a pa dwe fè ankenn lwa ki an favè yon etablisman relijyon, oswa ki entèdi fè egzèsis libète sa a; diminye libète lapawòl oswa laprès; oswa dwa pèp la pou yo rasanble nan lapè, epi pou yo mande Gouvènman an pou yon reparasyon nan revandikasyon yo.

Katriyèm Atik la... yo pa dwe vyole dwa pou gen yon Milis byen reglemante, ki nesesè pou sekirite nan yon Eta lib ak dwa pèp la pou kenbe ak pote zam.

Senkyèm Atik la... Ankenn Sòlda pa dwe, nan tan lapè, antre nan nenpòt kay, san konsantman Pwopriyetè a, ni nan tan lagè, se lalwa kid we di koman pou sa fèt.

Sizyèm Atik la... Dwa pèp la pou viv ansekirite nan: tèt yo, kay yo, papye, ak lòt bagay yo genyen, kont fouy ak sezi san rezon, pa dwe vyole, epi ankenn manda pa dwe bay nan sans sa a, men sa ka fèt si gen yon kòz sispèk, ki fèt anba Sèman oswa deklarasyon ki fonde, epi ki bay detay sou kote yo dwe fouye a, ak moun oswa bagay yo dwe sezi.

Setyèm Atik la... Ankenn moun pa dwe reponn pou yon krim kapital, oswa yon lòt krim dezonè, sof si ta gen yon akizasyon ak prezantasyon devan yon Gran Jiri, eksepte nan ka ki rive nan fòs lame sou tè a oswa fòs lame lanmè yo, oswa nan Milis la, nan moman y ap sèvis nan tan lagè oswa lè gen danje piblik; ni ankenn moun pa dwe sibi, pou menm ofans la, danje sou lavi oswa kò l; ni yo pa dwe oblije yon moun, nan okenn dosye kriminèl, pou bay temwayaj kont tèt li, ni yo pa dwe retire lavi l, libète , oswa pwopriyete, san pwosedi lalwa; ni yo pa dwe pran pwopriyete prive pou fè travay piblik, san dedomaje mèt li.

Uityèm Atik la... Nan tout akizasyon kriminèl, akize a dwe benefisye yon jijman rapid epi ki fèt anpiblik , devan yon jiri san patipri nan Eta ak distri kote krim lan te fèt la, distri lalwa te deja tabli. , epi yo dwe bay enfòmasyon sou nati ak kòz akizasyon an; yo dwe mete akize a anfas ak temwen ki kont li yo; epi tou dwe gen pwosesis obligatwa pou jwenn temwen anfavè li ak Asistans Avoka pou defann li.

Nevyèm Atik la... Nan pwosè nan dwa komen, kote ka ki nan konfli a vo plis pase ven dola, yo dwe kenbe dwa pou gen yon jijman devan jiri, epi ankenn ka ki jije devan yon jiri, pa dwe jije yon lòt fwa nan nenpòt Tribinal nan Etazini sòf selon regleman dwa komen.

Dizyèm Atik la... Yo pa dwe mande twòp kosyon, ni fòse moun bay twòp amann , ni bay pinisyon mechan oswa pinisyon ki pa abitye bay.

Onzyèm Atik la... Site kèk dwa nan Konstitisyon an, pa vle di refize oswa denigre lòt dwa pèp la kenbe.

Douzyèm Atik la... Pouvwa Konstitisyon an pa bay Etazini epi ki pa entèdi, yo rezève pou Eta ak pou pèp la.

AMANNMAN NAN KONSTITISYON AN
Amendments to the Constitution

AMANNMAN 1-27
Amendments 1-27

PREMYE AMANNMAN AN
1st Amendment

Kongrè a pa dwe fè ankenn lwa konsènan etablisman relijyon, oswa entèdi fè egzèsis libète sila; oswa pou ta limite libète lapawòl ak laprès; dwa pèp la pou yo rasanble nan lapè, epi pou yo mande Gouvènman an reparasyon nan revandikasyon yo.

DEZYÈM AMANNMAN
Yon Milis byen reglemante, nesesè pou sekirite yon Eta lib, dwa pèp la pou kenbe ak pote zam, pa dwe vyole.

TWAZYÈM AMANNMAN
Ankenn Sòlda pa dwe, nan tan lapè, al tabli nan nenpòt kay, san konsantman Pwopriyetè

a, ni nan tan lagè, men sa dwe fèt sèlman jan lalwa prevwa.

KATRIYÈM AMANNMAN

Dwa pèp la pou viv ansekirite nan: tèt yo, kay yo, papye, ak lòt bagay yo genyen, kont fouy ak sezi san rezon, pa dwe vyole, epi ankenn manda pa dwe bay nan sans sa a, men si gen yon kòz sispèk, ki fèt anba Sèman oswa deklarasyon ki fonde, epi ki bay detay sou kote yo dwe fouye a, ak moun oswa bagay yo dwe sezi.

SENKYÈM AMANNMAN

Ankenn moun pa dwe reponn pou yon krim kapital, oswa yon lòt krim dezonè, sof si ta gen yon akizasyon ak prezantasyon devan yon Gran Jiri, eksepte nan ka ki rive nan fòs lame sou tè oswa fòs lame lanmè yo, oswa nan Milis la, nan moman y ap sèvi nan tan lagè oswa lè gen danje piblik; ni ankenn moun pa dwe sibi, pou menm ofans la, danje sou lavi oswa kò l; ni yo pa dwe oblije yon moun, nan ankenn dosye kriminèl, pou bay temwayaj kont tèt li, ni yo pa dwe retire lavi l, libète , oswa pwopriyete, san pwosedi lalwa; ni yo pa dwe pran pwopriyete prive pou fè travay piblik, san dedomaje mèt li.

SIZYÈM AMANNMAN

Nan tout akizasyon kriminèl, akize a dwe benefisye yon jijman rapid epi ki fèt anpiblik, devan yon jiri san patipri nan Eta ak distri kote krim lan te fèt la, distri lalwa te deja tabli., epi yo dwe bay enfòasyon sou nati ak kòz akizasyon an; yo dwe mete akize a anfas ak temwen ki kont li yo; epi tou dwe gen pwosesis obligatwa pou jwenn temwen anfavè li ak Asistans Avoka pou defann li.

SETYÈM AMANNMAN

Nan pwosè nan dwa komen, kote ka ki nan konfli a vo plis pase ven dola, yo dwe kenbe dwa pou gen yon jijman devan jiri, epi okenn ka ki jije devan yon jiri, pa dwe jije yon lòt fwa nan nenpòt Tribinal nan Etazini sof selon règleman dwa komen.

WITYÈM AMANNMAN

Yo pa dwe mande twòp kosyon, ni fòse moun bay twòp amann , ni bay pinisyon mechan oswa pinisyon ki pa abitye bay.

NEVYÈM AMANNMAN

Site kèk dwa nan Konstitisyon an, pa vle di refize oswa denigre lòt dwa pèp la kenbe.

DIZYÈM AMANNMAN

Pouvwa Konstitisyon an pa bay Etazini, epi pa entèdi, yo rezève pou Eta ak pou pèp la.

ONZYÈM AMANNMAN

Pouvwa Jidisyè Ozetazini pa dwe entèprete kòm yon ekstansyon pou nenpòt pwosè nan lalwa oswa ekite, kòmanse oswa pouswiv kont youn nan Etazini pa Sitwayen nan yon lòt Eta, oswa pa Sitwayen oswa Sijè nan nenpòt Eta Etranje.

DOUZYÈM AMANNMAN

Elektè yo pral rankontre nan Eta pa yo pou vote avèk bilten pou yon Prezidan ak yon Vis-Prezidan, annken pami yo, pa dwe yon abite nan menm Eta a ak yo; yo dwe ekri bilten vòt yo non moun yo vote pou Prezidan an , ak nan yon bilten diferan non moun yo te vote pou Vis-Prezidan an, epi yo dwe fè lis chak mounki te jwenn vòt pou Prezidan, ak tout moun yo te vote pou vin Vis-Prezidan ansanm ak kantite vòt pou chak nan yo. Yo dwe siyen lis sa yo, mete so sou yo epi voye bay gouvènman Etazini an sou non Prezidan Sena a;–Prezidan Sena a dwe, nan prezans manm Sena a ak Chanm Reprezantan an, louvri tout lis sètifye yo epi yo pral konte vòt yo answit;–Moun ki gen pi gwo kantite vòt pou Prezidan an, ap vin Prezidan an, si kantite sa a reprezante majorite sou kantite elektè ki te nonmen yo; epi si pa gen ankenn moun ki genyen majorite a, lè sa a, Chanm reprezantan an dwe vote tousuit pou chwazi Prezidan pami 3 moun ki gen pi plis vòt sou lis moun yo te vote pou Prezidan an. Men, pouchwazi Prezidan an, vòt yo dwe konte daprè Eta, chak Eta gen yon vòt; yon kowòm ki nesesè nan ka sa a se youn oswa plizyè reprezantan ki soti nan 2 tyè (2/3) nan Eta, epi dwe gen yon majorite nan sou tout Eta yo ki dwe vote pou pou yon moun pou chwa a bon. [Epi si Chanm Reprezantan, lè yo gen dwa pou fè sa, pa ta chwazi yon Prezidan anvan katriyèm jou mwa Mas ki vin apre a, lè sa a, Vis Prezidan an ap aji kòm Prezidan, tankou nan ka lanmò a oswa lòt andikap konstitisyon an prevwa Prezidan an ka genyen.–]Moun ki gen pi plis vòt kòm Vis-Prezidan, ap vin Vis-Prezidan an, si kantite sa a se yon majorite nan kantite total Elektè kit e nonmen yo, epi si pa gen ankenn moun ki gen yon majorite, lè sa a, Sena a ap chwazi Vis-Prezidan an pami 2 moun ki ki gen plis vòt nan lis la; kowòm nan sa a se de tyè sou ansanm kantite Senatè yo, epi yon majorite nan kantite nesesè pou chwa sila. Men, pa gen ankenn moun ki pa elijib daprè konstitisyon an pou Prezidan pa gen dwa tou pou vin Vis Prezidan Etazini.

TRÈZYÈM AMANNMAN

SEKSYON 1

Ni esklavaj ni travay fòse, sof nan kad yon pinisyon kont krim kote pati a te kondane kòmsadwa, p ap egziste nan peyi Etazini, oswa nenpòt kote ki anba jiridiksyon l.

SEKSYON 2

Kongrè a ap gen pouvwa pou aplike atik sa a avèk lwa ki mache ak sa.

KATÒZYÈM AMANNMAN

SEKSYON 1

Tout moun ki fèt oswa natiralize Ozetazini, epi lalwa rekonèt, se sitwayen Ameriken ak Eta kote yo abite a. Ankenn Eta p ap fè oswa aplike okenn lwa ki pral wete sou privilèj oswa iminite sitwayen Etazini yo; konsa tou ankenn Eta pa dwe retire lavi moun, libète, oswa pwopriyete, dèyè do lalwa; ni refize nenpòt moun ki nan jiridiksyon li pwoteksyon egalego devan lalwa.

SEKSYON 2

Reprezantan yo dwe soti nan divès Eta yo daprè kantite moun yo chak genyen, lè yo konte kantite moun ki nan chak Eta yo, eksepte Endyen ki pa peye taks. Men, lè dwa pou vote nan nenpòt eleksyon pou chwazi elektè pou vote pou Prezidan ak Vis-Prezidan Etazini, Reprezantan nan Kongrè a, Ofisye Egzekitif ak Jidisyè yon Eta, oswa manm Lejislati a, yo refize bay nenpòt moun nan abitan gason yo nan Eta sa a, ki gen venteyen lane, ak yon sitwayen nan Etazini, oswa dwa yo limite nan nenpòt fason, eksepte pou patisipasyon nan rebelyon, oswa lòt krim, baz reprezantasyon ladan l ap redwi nan pwopòsyon kantite sitwayen gason sa yo ki pa ka vote kantite total sitwayen gason ki gen venteyen lane nan Eta sa a.

SEKSYON 3

Ankenn moun pa dwe vin yon Senatè oswa Reprezantan nan Kongrè a, oswa elektè Prezidan ak Vis-Prezidan, oswa okipe ankenn pòs, militè oswa sivil nan gouvèman Etazini an oswa nan nenpòt Eta si l te patisipe nan yon soulèvman oswa rebelyon kont Etazini oswa bay ènmi peyi a èd, apre yo te fin fè sèman pou defann konstitisyon an. Men, Kongrè a ka pran yon vòt 2 tyè nan chak chanm pou retire entèdiksyon sa yo.

SEKSYON 4

Lalwa Etazini otorize "dèt piblik" , ki gen ladan dèt ki fèt pou peye pansyon ak prim pou moun ki bay sèvis nan moman goumen kont enzirèksyon oswa rebelyon yo. Men, ni Etazini ni ankenn Eta pa gen pou peye ankenn dèt oswa obligasyon ki te fèt pou sipòte ensireksyon oswa rebelyon kont Etazini, oswa nenpòt reklamasyon pou esklavaj; men tout dèt sa yo, obligasyon ak reklamasyon sa yo dwe konsidere kòm ilegal epi anile.

SEKSYON 5

Kongrè a ap gen pouvwa pou aplike, avèk lwa ki mache ak sa, dispozisyon ki nan atik sa a.

KENZYÈM AMANNMAN

SEKSYON 1
Yo pa gen dwa refize oswa limite Dwa sit-
wayen Etazini pou vote sou baz ras, koulè po,
oswa kondisyon yo te konn sèvi anvan.–

SEKSYON 2
Kongrè a ap gen pouvwa pou aplike, avèk lwa
ki mache ak sa, dispozisyon ki nan atik sa a.

SÈZYÈM AMANNMAN
Kongrè a ap gen pouvwa pou mete ak ranmase
taks, kèlkeswa sous kote yo soti, san pataje l
bay dives Eta yo, epi san yo pa konsidere ank-
enn resansman.

DISETYÈM AMANNMAN
Sena Etazini ap tabli ak Senatè ki soti nan
chak Eta yo, se pèp la ki dwe vote yo, pou sis
lane; epi chak Senatè ap gen yon vòt. Elek-
tè yo, nan chak Eta dwe gen kalifikasyon yo
mande pou vote nan branch ki gen plis moun
nan Eta a.

Lè gen pòs ki vin vid pou reprezante nen-
pòt Eta nan Sena a, otorite egzekitif Eta sa a
dwe lanse eleksyon pou ranpli pòs vid sa yo:
Lejislati nenpòt Eta ka bay pouvwa egzekitif
la pouvwa pou fè nominasyon pou ti bout tan
jiskaske pèp la vote nan eleksyon pou ranpli
pòs vid yo.

Amannman sa a pa dwe entèprete yon fason ki gen konsekans sou eleksyon oswa manda nenpòt Senatè yo te deja chwazi anvan li vin valab kòm yon pati nan Konstitisyon an.

DIZWITYÈM AMANNMAN

SEKSYON 1

Apre yon lane apre ratifikasyon atik sa a, yo entèdi fabrike, vann oswa transpòte bwason ki fèt ak alkòl, enpòtasyon oswa ekspòtasyon yo antre ak soti nan Etazini ak tout teritwa ki anba jiridiksyon l.

SEKSYON 2

Kongrè a ansanm ak Eta yo pral genyen pouvwa pou fè lwa ki nesesè pou aplike atik sa a.

SEKSYON 3

Atik sa a pa p valab si lejislati Eta yo pa ratifye l tankou yon amannman nan Konstitisyon an, jan li menm li prevwa sa, anvan sèt ane soti dat Kongrè a fin soumèt li bay Eta yo.

DIZNEVYÈM AMANNMAN

Gouvenman Etazini an oswa nenpòt Eta pa dwe refize oswa limite Dwa yon sitwayen Etazini pou vote poutèt sèks li.

Kongrè a ap gen pouvwa pou aplike, avèk lwa ki mache ak sa, dispozisyon ki nan atik sa a.

VENTYÈM AMANNMAN

SEKSYON 1

Manda Prezidan an ak Vis Prezidan an ap fini a midi sou ventyèm jou nan mwa janvye , epi manda Senatè ak Reprezantan yo a midi nan 3yèm jou mwa Janvye a, nan lane ki te prevwa pou manda yo te fini an si atik sa a pa te ratifye; epi se menm lè sa a manda ranplasan yo pral kòmanse.

SEKSYON 2

Kongrè a ap reyini pou pi piti yon fwa chak ane, reyinyon sa a ap kòmanse a midi nan 3zyèm jou janvye a, sof si lalwa deside yon lòt jou.

SEKSYON 3

Si, nan moman ki fikse pou kòmansman manda Prezidan an, Prezidan eli a ta mouri, Vis Prezidan eli a ap vin Prezidan. Si yo pa t chwazi yon Prezidan anvan dat ki fikse pou kòmansman manda a, oswa si Prezidan eli a pa t kalifye, Lè sa a, Vis Prezidan eli a ap aji kòm Prezidan jiskaske yon Prezidan kalifye vin eli; epi Kongrè a ka pran yon lwa pou mete sou kote yon Prezidan oswa Vis Prezidan eli ki pa kalifye, epi deklare ki moun ki pral aji nan plas yo, oswa fason pou chwazi moun ki dwe aji nan plas yo a, epi moun sa a dwe aji kòmsadwa jiskaske gen yon Prezidan oswa Vis Prezidan ki kalifye.

SEKSYON 4

Kongrè a ka pran yon lwa, nan ka lanmò, nenpòt lè sitiyasyon sa a prezante, pou chwazi nenpòt pami yo nan Chanm Reprezantan an pou egzèse wòl Prezidan, epi sila ki nan Sena ka chwazi yon Vis Prezidan, toujou nan ka lanmò, chak fwa dwa pou yo fè sa a prezante.

SEKSYON 5

Seksyon 1 ak 2 ap kapab aplike nan 15yèm jou mwa Oktòb apre ratifikasyon atik sa a.

SEKSYON 6

Atik sa a ap kapab aplike sof si lejislati yo nan twa ka nan Eta yo ta ratifye l kòm yon amannman nan Konstitisyon an sèt lane apre dat li fin soumèt la.

VENTEYINYÈM AMANNMAN

(21st Amendment)

SEKSYON 1

Dizwityèm atik amannman nan Konstitisyon Etazini an anile.

SEKSYON 2

Li entèdi pou fè transpò oswa enpòtasyon nan nenpòt Eta, Teritwa, oswa lòt kote peyi Etazini genyen, pou livrezon oswa itilize pwodui ki fèt ak alkòl l, dèyè do Lalwa ki fèt pou sa. .

SEKSYON 3

Atik sa yo ap ka aplike sof si Eta yo te ratifye yo nan konvansyon kòm yon amannman nan Konstitisyon an jan l prevwa sa, sèt lane soti dat Kongrè a soumèt yo bay Eta yo.

VENNDEZYÈM AMANNMAN

SEKSYON 1

Ankenn moun pa dwe eli plis pase de fwa pou Prezidan, epi ankenn moun ki te okipe pòs Prezidan an, oswa ki aji kòm Prezidan, pou plis pase dezan nan manda kote yon lòt moun te eli, pa p gen dwa eli ankò pou plis pase yon sèl fwa. Men, Atik sa a pa dwe aplike pou ankenn moun ki te okipe pòs Prezidan nan moman Kongrè a pwopoze Atik sa a, epi li pa dwe bloke ankenn moun ki ka okipe biwo Prezidan, oswa ki aji kòm Prezidan, pandan atik la ap kòmanse aplike pou kontinye fonksyone tankou Prezidan oswa aji kòm Prezidan pandan rès manda li a.

SEKSYON 2

Atik sa a ap ka aplike sof si lejislati nan twa ka nan plizyè Eta yo ratifye l kòm yon amannman nan Konstitisyon an anvan sèt lane soti dat Kongrè a soumèt li bay Eta yo.

VENNTWAZYÈM AMANNMAN

SEKSYON 1

Distri kote syèj Gouvènman Etazini an tabli ap nonmen nan fason Kongrè a kapab mande:

Yon kantite elektè ak dwa pou vote pou Prezidan ak Vis Prezidan ki egal ak kantite Senatè ak Reprezantan nan Kongrè a, Distri a ta gen dwa genyen tankou si li te yon Eta, men nan ankenn ka li pa gen dwa gen plis elektè pase Eta ki gen pi piti kantite moun nan Peyi a; yo pral ajoute sou sila yo ki nonmen nan divès Eta yo, epi yo dwe konsidere yo nan eleksyon Prezidan ak Vis Prezidan tankou elektè yon Eta nonmen; epi yo pral reyini nan Distri a pou yo fè devwa sa yo jan douzyèm atik amannman an prevwa sa.

SEKSYON 2

Kongrè a ap gen pouvwa pou aplike atik sa a daprè lalwa ki mache ak li.

VENNKATRIYÈM AMANNMAN

SEKSYON 1

Yo pa dwe refize oswa limite dwa sitwayen Etazini pou vote nan nenpòt eleksyon primè oswa lòt eleksyon pou Prezidan ak Vis Prezidan, pou elektè ki gen dwa pou vote pou Prezidan epi Vis Prezidan, osinon pou Senatè epi Reprezantan nan Kongrè Etazini oswa yon

Eta poutèt li pa peye ankenn taks sou biwo vòt oswa lòt taks.

SEKSYON 2

Kongrè a ap gen pouvwa pou aplike atik sa a daprè lalwa ki mache ak li.

VENNSENKYÈM AMANNMAN

SEKSYON 1

Nan ka Prezidan an ta pèdi pòs la oswa nan ka lanmò oswa demisyon li, Vis Prezidan an ap vin Prezidan.

SEKSYON 2

Chak fwa gen yon pòs vid nan pòs Vis Prezidan an, Prezidan an dwe nonmen yon Vis Prezidan ki pral pran pòs la apre vòt konfimasyon majorite nan tou de Chanm Kongrè a.

SEKSYON 3

Chak fwa Prezidan an transmèt bay Prezidan pro tempore Sena a ak Prezidan Chanm Reprezantan an deklarasyon alekri ki di li pa kapab egzèse pouvwa ak devwa pòs la, jiskaske li transmèt ba yo yon deklarasyon alekri ki kontrè, Vis Prezidan an dwe egzèse pouvwa ak devwa sa yo kòm Prezidan Enterimè.

SEKSYON 4

Chak fwa Vis-prezidan an ak yon majorite nan prensipal ofisye depatman egzekitif yo oswa nan yon lòt kò ki tabli daprè lalwa kongrè a vote, transmèt bay Prezidan pro tempore Sena a ak Prezidan Chanm Reprezantan an deklarasyon alekri ki di Prezidan an pa kapab egzekite pouvwa ak devwa pòs la, Vis Prezidan an dwe tousuit pran pouvwa ak devwa pòs la tankou Prezidan enterimè.

Apre sa, lè Prezidan an transmèt bay Prezidan pro tempore Sena a ak Prezidan Chanm Reprezantan an deklarasyon alekri pou di li gen kapasite, li dwe reprann pouvwa ak devwa biwo li sof si Vis Prezidan an ak yon majorite nan Ofisye prensipal depatman egzekitif la oswa lòt kò ki tabli daprè lalwa kongrè a vote, ta transmèt nan kat jou bay Prezidan pro tempore Sena a ak Prezidan Chanm Reprezantan an deklarasyon alekri pou di Prezidan an pa kapab egzekite pouvwa ak devwa biwo a. Lè sa a, Kongrè a ap gen pou pran yon desizyon, si Kongrè a pa t deja reyini, yo dwe rasanble nan yon delè ki pa depase karantuit èdtan nan objectif sa a. Si Kongrè a, ven jou apre yo fin resevwa dènye deklarasyon alekri a, oswa, si Kongrè a pa nan sesyon, nan lespas venteyen jou apre Kongrè a oblije rasanble, detèmine ak de tyè vòt nan tou de Chanm yo Prezidan an pa kapab egzèse pouvwa ak devwa pòs la, Vis

Prezidan an ap kontinye egzèse wòl Prezidan Enterimè a; sinon, Prezidan an ap reprann pouvwa ak devwa pòs li.

VENNSIZYÈM AMANNMAN

SEKSYON 1
Gouvènman an oswa nenpòt Eta pa gen dwa refize oswa limite dwa sitwayen Etazini ki gen dizuitan oswa plis pou yo vote.

SEKSYON 2
Kongrè a ap gen pouvwa pou aplike atik sa a daprè lalwa ki mache ak li.

VENNSÈTYÈM AMANNMAN
(27th Amendment)

Ankenn lwa, ki chanje konpansasyon pou sèvis Senatè yo ak Reprezantan yo, p ap ka aplike, anvan gen yon eleksyon pou Reprezantan ki fèt.

www.ingramcontent.com/pod-product-compliance
Lightning Source LLC
Chambersburg PA
CBHW051505270326
41933CB00021BA/3471